Bonding für Einsteiger - Das Buch für Eltern

Wie Sie die Grundlagen des Bondings leicht verstehen und Schritt für Schritt eine unzertrennliche Bindung zu Ihrem Kind aufbauen

Carolin Lohmeyer

INHALT

Was erwartet Sie in diesem Buch?

Sie bekommen einen Eindruck von der tiefen Verbindung, die Sie als Eltern zu Ihren Kindern aufbauen können – und das noch weit vor der Geburt. Bonding bezieht sich nicht nur auf den ersten körperlichen Kontakt, sondern umfasst die Schwangerschaft, die Geburt und die Babyzeit. Auch im Kindesalter und darüber hinaus lässt sich auf dieser tragenden Beziehung aufbauen. Ein Kind, das alle wichtigen Grundlagen des Lebens von Anfang an erhalten hat, ist resilienter gegenüber den Widrigkeiten des

Lebens und besitzt eine tiefe Verwurzelung zu sich und seiner Umwelt.

Jedes Wort, jede Berührung, jedes Gefühl, das bei Ihrem Baby ankommt, stärkt das Vertrauen zwischen Ihnen und hilft Ihrem Baby, gesund wachsen zu können und geistig zu reifen.

Sie erfahren auch, welche Faktoren dafür ausschlaggebend sind und wie Sie diese leicht umsetzen können. Außerdem werden Vergleiche gezogen zwischen gebundenen und ungebundenen Babys und wie unterschiedliche Kulturen mit dem natürlichsten Vorgang der Welt umgehen. Auch gesellschaftliche Sichtweisen werden einbezogen und auf ihre Herkunft und Wirkung auf die Mutter-Kind-Beziehung erläutert.

Was versteht man umgangssprachlich unter Bonding?

Es handelt sich um einen besonderen sprachlichen Ausdruck für die Mutter-Kind-Bindung, welche bekanntlich nach der Geburt geknüpft wird.

Bonding ist die Grundlage des Urvertrauens. Es ist das Fundament, auf welchem der weitere

Kontakt zur Außenwelt errichtet wird. Nur mit dieser Basis können wir (über-) leben.

Im Mutterleib haben wir das große Glück, dass uns die meiste Zuwendung gar nicht verwehrt werden kann. Wir sind automatisch Teil des mütterlichen Kreislaufs. Dennoch kann auch in der Schwangerschaft zusätzlich positiv darauf Einfluss genommen werden und sich beim ersten Zauber des Kennenlernens zu einem wahren Feuerwerk entwickeln.

„Bonding" kommt ursprünglich aus dem Englischen und heißt übersetzt so viel wie „Verbindung" oder „Verknüpfung".

Warum ist Bonding so wichtig?

Wir alle wollen geliebt werden. Wir möchten uns geborgen fühlen, sicher und aufgefangen. Wir möchten Fehler machen dürfen, ohne dafür verurteilt oder in den Mittelpunkt gestellt zu werden, als jemand, auf den ein besonderes Augenmaß gelegt werden muss.

Jeder Mensch hatte eine Zeit in seinem Leben, indem all diese Umstände zeitgleich vorhanden waren.

Neun Monate im Mutterleib wurden wir getragen, rund um die Uhr mit allem versorgt, was wir brauchten, und waren nie allein. Unsere Mutter trug uns in ihrem Körper, wir hörten ihre Schritte, ihre Stimme und ihr wundervoller Herzschlag war die Musik zum Einschlafen und Aufwachen. Wir haben uns immer richtig gefühlt, was wir auch tun, wir wurden geliebt. Völlig bedingungslos. Da beginnt bereits die Verbindung von Mutter und Kind als Einheit. Ein Naturwunder, welches sich nicht nur bei Menschen beobachten lässt. Auch Säugetiere verändern ihr Verhalten instinktiv aufgrund des zarten Bandes zwischen ihnen und ihrem ungeborenen Baby. Sie suchen mehr Schutz in der Gruppe oder ihrem Unterschlupf und werden vorsichtiger, um sich und das Baby nicht zu gefährden.

Die Hormonumstellung in der Schwangerschaft bewegt uns alle dazu, unser Verhalten zu ändern. Wir wirken weniger durch unseren Verstand und mehr aus der Intuition heraus, einzig durch die starke Verknüpfung mit dem geliebten Wesen in unserem Körper bedingt. Interessant ist auch die Beziehung zu unseren Müttern, wenn wir bereits erwachsen sind. Hier lässt sich beobachten, dass Kinder mit einer gesunden Bindung eine vertrautere und tiefere Beziehung zu ihren Eltern empfinden als Kinder, die vernachlässigt wurden, bzw. die wenig Fürsorge in Form von Berührung und Aufmerksamkeit in frühkindlichen Stadien erhalten haben.

Diese Kinder haben später zu ihrer Familie weniger Kontakt, und dieser ist dann auch meist geprägt von Oberflächlichkeiten. Dennoch sind die Kinder ihren Müttern und teilweise auch ihren Vätern gegenüber unglaublich bedürftig, weiterhin bestrebt und voller Hoffnung, doch endlich die ihnen zustehende Liebe zu bekommen. Sie sind weiterhin in ihren Denkstrukturen das kleine Kind, welches nach der sicheren Verbindung strebt, die sie durch emotionale Erpressung oder Bedürftigkeit zu erreichen versuchen.

Biologische Entstehung von Bindung

„Überall, wo Liebe ist, findet sich Oxytocin" (Dr. Michel Odent)

Hauptverantwortlich für die Entstehung einer zwischenmenschlichen Beziehung ist das Hormon Oxytocin. Dieses Hormon ist ein wahres Wunder, es ist das Wehenhormon, das Stillhormon und das Bindungshormon gleichzeitig und sorgt für alle Beziehungen, die wir im Leben eingehen. Ohne Oxytocin gäbe es keine Freundschaft, keine Partnerschaft und keine ausgewogene Eltern-Kind-Beziehung.

Und so viel wir da auch therapieren: Ohne Oxytocin fehlt ein wichtiger Baustein in unserem Körper, um überhaupt in all diese Beziehungen hineingehen zu können. Es ist wie bei einem Rechner ohne Grafikkarte: Man will ein Bild erzeugen und versteht nicht, warum dies gar nicht umgesetzt werden kann. So viele Sprachen man auch spricht, es fehlt stets ein Bauteil, um diese Funktion umsetzen zu können.

Oxytocin kann sogar als Orgasmushormon bezeichnet werden. Das erschreckt noch nicht? Nun, ohne Oxytocin auch kein Sex. Es ist das Liebeshormon schlechthin, denn während eines Orgasmus erreicht ein Mensch den beinahe höchsten Level an Ausschüttung des Hormons. Nur eines kann das Ereignis noch toppen: Eine interventionsarme Geburt und die ungestörten ersten Minuten mit dem eigenen Baby zusammmen. Unter einer Geburt in optimaler Umgebung, welche eine Frau im Rhythmus ihres eigenen Hormonflusses frei entfalten lässt, steigt der Pegel, bis mittels Auspulsieren der Nabelschnur der höchste Wert erreicht ist und ans Kind weitergegeben wird. Ähnliches passiert messbar bei allen begleitenden Personen, wenn sie sich emotional auf diese Begleitung einlassen. Also auch beim Mann können Oxytocinwerte eines Orgasmus durch eine emotionale Geburtsbegleitung getoppt werden. Dank unserer Spiegelneuronen haben wir die Möglichkeit, in den anderen „einzutauchen."

Die ersten Minuten ungestört zu sein, heißt dann auch wirklich „Finger weg!" Mutter und Kind haben gerade ein Meisterstück vollbracht und sie bekommen auch die ersten sensiblen Momente miteinander hin. Das Thema Auspulsieren der Nabelschnur hat hier einen uralten Aspekt. Mit den nächsten Pulsschlägen der Nabelschnur wird ein Highlevel an Oxytocin an den Blutkreislauf des Kindes weitergegeben, was erst wieder mit einer eigenen Geburt (-sbegleitung) erreicht werden kann.

Es ist unabdingbar, um stark in die nächste Bindungsebene zu starten. Wird die Nabelschnur gekappt/abgeklemmt, kommt die genetische Botschaft im kindlichen System an; Oxytocin wird nicht so sehr gebraucht; Produktion einstellen. Die Natur ist clever – was sie nicht braucht, wird eingestellt. So können sich Lebewesen evolutionär anpassen.

Emotionslose Menschen, die keine Bindung mehr eingehen können, denen es sogar schwerfällt, sich miteinander zu unterhalten, werden psychisch mehr und mehr erkranken. Genau dies konnte unter anderem im Gebiet der Psychoneuroimmunologie nachgewiesen werden: Oxytocin wirkt auf die Amygdala und ist somit essenzieller Bestandteil, um Angst und Panik zu regulieren.

Es ist dadurch bekannt, dass Oxytocin nicht nur Angstreaktionen mindert, sondern auch alle anderen Stressreaktionen im Hypothalamus.

Nun könnte man sagen: Oxytocin ist aber künstlich herstellbar! Ja. ABER: Bei künstlicher Gabe unter der Geburt kann sich die sonst im Gehirn schmerzlindernde Wirkung gar nicht entfalten. Über die Blutbahn entfaltet es einen anderen Wirkungscharakter als über den Hypothalamus. Stattdessen werden Wehen angeregt, die nicht dem Rhythmus der Gebärenden angepasst sind und auch nicht dem des Kindes. (siehe auch V. Schmid: „Der Geburtsschmerz")

In Gesellschaften, in denen Geburt bereits zu großen Teilen künstlichen Interventionen unterliegt, wird Oxytocin schon vermindert in der

Erblinie weitergegeben. (Dr. Michel Odent „Wo wollen wir als Menschen hin?")

Oxytocin sorgt also für den Bindungsaufbau unmittelbar nach der Geburt. Epigenetische Erkenntnisse zeigen das sogar noch genauer: Fehlen nach der Geburt die Signale der Zuneigung, die durch einfaches Streicheln und Anfassen vermittelt werden, verändert sich das sogenannte Methylierungsmuster (methyliert* umgeformt) im Hormonhaushalt des Kindes. Dadurch kann sich im späteren Leben die Stressreaktionen vergrößern und psychische Überreaktionen können die Folge sein. (Prof. Dr. Johannes Huber; Liebe lässt sich vererben)

Erschwerend kommt hinzu, dass Oxytocin weltweit kostengünstig hergestellt und gut geplant eingesetzt werden kann. Trotz der Eingabe des künstlichen Hormons seit fast 50 Jahren gibt es noch keine wirklich umfassenden (Langzeit-) Studien dazu. Der selbstverständliche Einsatz scheint ein genaues Hinsehen unnötig zu machen.

Dr. Odent prangert hier sehr offen das wirtschaftliche Gewinninteresse an.

Hier ist ein Hormon im weltweiten Masseneinsatz, was erst jetzt auch in anderen Bereichen, wie zum Beispiel der Psychiatrie, zum Forschungsschwerpunkt wird.

Immer mehr Verdachtsmomente deuten darauf hin, dass beispielsweise spezielle Formen des Autismus hier ihre Ursache haben. Betroffenen fällt es schwer, Emotionen aufzunehmen, zu interpretieren oder selbst zu fühlen/zu zeigen.

Wird unter der Geburt synthetisches Oxytocin gegeben, geht es zu einem gewissen Anteil auch ins Kind über. Hier kann die Frage angebracht sein, die sich derzeit Neurowissenschaftler in Bezug zu unreifen Gehirnzellen stellen. (Bereits in Tierversuchen führte die Eingabe des künstlichen Hormons zu Verhaltensänderungen gegenüber ihren Säuglingen und zu neuroendokrinen Störungen.)

Könnte es sein, dass der wiederholte Gebrauch von Oxytocin seine Vorteile zunichtemacht oder sogar umdreht? Vielleicht, weil das Gehirn irrtümlich glaubt, dass es selbst weniger Oxytocin produzieren muss?

All diese Faktoren sollten dem Bonding gegenübergestellt und sorgfältig abgewägt werden.

Was können Sie tun, um die Bindung zu Ihrem Baby zu festigen?

IN DER ZEIT DER SCHWANGERSCHAFT

Ihr Baby wächst stetig und bildet Woche für Woche nicht nur neue menschliche Formen heraus, sondern auch im Eiltempo seine Sinne und Wahrnehmungen. Ungefähr in der 16. Woche entwickelt Ihr Baby bereits seinen Hörsinn. Endlich kann es Ihre Stimme aufnehmen, die es ab da lange Zeit begleiten wird – sprechen Sie mit Ihrem Kind. Erzählen Sie von Ihrem Alltag, Ihren Sorgen, Ihrer Freude. Auch wenn es Ihre Worte nicht versteht, so schwingt dennoch in Ihren Sätzen ein Gefühl mit, das bei Ihrem Baby ankommen wird. Schon allein dieser Umstand, dass Ihr Baby Ihre Stimme hören kann, ist eine der ersten und mitunter stärksten Verbindungen in Ihrer Mutter-Kind-Bindung. Sie zieht sich über das gesamte Leben Ihres Kindes, denn Ihre Stimme wird immer unbewusst ein sicheres Umfeld für Ihr Kind schaffen können.

Hier muss auch erwähnt werden, dass es völlig legitim ist, über Ihre Ängste zu sprechen, die womöglich mit der bevorstehenden Aufgabe aufkommen.

Ihr Baby hat keinen Mehrwert davon, wenn diese Gefühle unterdrückt werden. Es wünscht sich eine authentische Mutter, die sich ihre Themen anschaut und damit bewusst umgeht. Sie brauchen sich also keine Sorgen zu machen, dass es Ihrem Baby schlecht gehen wird, nur weil es Ihnen mal nicht so gut geht.

Wenn Sie die Schlaf- und Wachzeiten Ihres Babys kennen, können Sie auch mit andcren

Geräuschen spielerisch Kontakt aufnehmen, wie beispielsweise einer Spieluhr.

Ihr Baby wird auch wissen, was Sie gern an Nahrung zu sich nehmen, denn laut wissenschaftlichen Erkenntnissen bildet der Embryo bereits mit der 8. Schwangerschaftswoche seine Geschmacksknospen aus, welche mit der 14. Woche aktiv werden und bereits viele verschiedene Geschmäcker unterscheiden können. Sie werden intuitiv wissen, was Sie in der Schwangerschaft essen möchten, da Ihr Blutkreislauf mit dem Ihres Babys verbunden ist.

Direkte Kontaktaufnahme passiert auch jedes Mal, wenn Sie Ihren Bauch streicheln. Ihr Baby kann die Bewegungen Ihrer Hand gedämpft aufnehmen und als sanfte Massage wahrnehmen. Gleichzeitig ist es beruhigend für Ihr Kind, wahrgenommen zu werden und sich willkommen zu fühlen.

WÄHREND DER GEBURT

Dieser lebensverändernde Abschnitt wird in der Kommunikation zwischen Mutter und Kind oft unterschätzt und leider nur selten erwähnt. Dabei besitzt er großes Potenzial, denn gerade in dieser stressigen und nervenaufreibenden Phase braucht das Baby die Zuversicht seiner einzigen Bezugsperson. Es gibt viele interessante Berichte von Müttern, die während der Geburt mit ihrem Kind über Sprache und Gefühle Kontakt aufgenommen haben und sich dann alles (positiv) gewendet hat. Oft passiert das auch schon in der Schwangerschaft, wenn das Kind beispielsweise in Beckenendlage liegt und die Mutter mit ihrem Kind spricht, um es zur Drehung zu bewegen. Auch Gynäkologen und Kinderärzte wissen um die magische Kommunikation und empfehlen es mitunter auch ihren Patientinnen. Sich unter der Geburt mit Ihrem Kind „abzusprechen", kann manchmal Wunder wirken. Natürlich auch, um sich selbst und Ihr Baby zu beruhigen. Positive Affirmationen wie „Wir meistern das gemeinsam" oder „Wir sind eine Einheit" oder „Ich werde dich gleich in meinem Arm halten können" sind für Sie beide eine beruhigende Sicherheit und spenden Kraft.

Schon gewusst? ..., dass der Salzgehalt im Fruchtwasser dem des Urmeeres entspricht?

NACH DER GEBURT

Unmittelbar nach der Geburt beginnt jetzt die größte Möglichkeit, Einfluss zu nehmen auf die Bindung zum eigenen Kind. Der allererste Hautkontakt, die Hände der Mutter berühren das Neugeborene, streicheln es über Kopf und Rücken, drücken es an ihr Herz und bewundern mit größter Liebe das kleine Wesen, das sie so lange mit sich getragen haben. Jetzt ist es wichtig, Zeit zu haben für diesen zauberhaften Augenblick. In einigen Kliniken werden Babys nach der Geburt sofort abgetrocknet und angezogen. Das sollte vorerst vermieden werden, denn der Hautkontakt ist enorm wichtig. Nur dieser besondere Hautkontakt bewirkt eine Hormonausschüttung in einer Größenordnung, die es danach nie wieder erfährt. Bei Mutter und Baby gleichermaßen. (Quelle: Michel Odent – Es ist nicht egal, wie wir geboren werden)

Diese Erfahrung ist elementar für Mutter und Kind und bleibt ein ganzes Leben in Erinnerung. Bei dem Baby im Unterbewusstsein, bei der Mutter präsent im Gedächtnis.

Genießen Sie diesen Moment in seiner ganzen Fülle.

STILLEN

Schon kurze Zeit (20–30 Minuten) nach der Geburt sucht Ihr Baby, seinen Instinkten folgend, die Brust der Mutter. Die Kleinen riechen den Duft der weiblichen Brust und wissen genau, wo sie hin müssen. Einige Babys können sogar richtig wendig in die entsprechende Richtung robben, andere brauchen ein wenig Unterstützung. In diesem Moment wie auch in den ersten 1–2 Tagen ist es weniger der Hunger, der die Säuglinge an die Brust treibt, denn der Magen hat noch die Größe einer Murmel und ist sehr schnell voll. Es ist vielmehr die Sehnsucht, mit der Mutter wieder eins zu werden, so wie vor Kurzem noch im Mutterleib durch die Nabelschnur. Ihr Baby möchte sich versichern, dass Sie da sind und dass „alles gut ist." Die Geborgenheit zu spüren und den lebensnotwendigen Kontakt zu erhalten, hat für Ihr Baby dann oberste Priorität. Das Stillen ist – neben der Nahrungsaufnahme – genau dafür ausgelegt.

Von diesem Augenblick ist die Muttermilch nicht nur Nahrungsaufnahme, sondern auch Sicherheit, Geborgenheit, Trost und die Absicherung bedingungsloser Liebe.

Natürlich können auch Mütter, die ihren Babys die Flasche geben müssen oder wollen, ähnlich vorgehen. Die Flasche – als Simulation der weiblichen Brust – kann ähnlich eingesetzt werden und in Kombination mit Körperkontakt zu einem ebenso liebevollen Miteinander werden.

Schon gewusst? ..., dass Stillen die gesamte Kiefer- und Gebissausbildung positiv prägt und dabei sogar die Nasennebenhöhlen optimal geformt werden?

GETRAGEN WERDEN

Mit dieser Möglichkeiten lassen sich viele anfängliche Schwierigkeiten zeitgleich lösen und es kommt den Urinstinkten Ihres Kindes am nächsten. Des Weiteren bringt das Tragen viele gesundheitliche Vorteile mit sich. Im Uterus war das Kind Ihren stetigen Bewegungen ausgesetzt. Gehen, Laufen, Bücken, Wippen – für Ihr Kind reines Leben. Es baut Stress ab und beruhigt sich schneller. Jeder Schritt im Arm der Mutter vermittelt Sicherheit und ein tiefes Verständnis vom „Richtig sein" in dieser Welt. (Jean Liedloff – das Kontinuum Konzept)

Die Enge des geschlungenen Tuches ähnelt den Strukturen der Gebärmutter, wodurch sich bei Ihrem Baby automatisch ein Gefühl von Geborgenheit einstellt. Bei der richtigen Trageweise (in der „Anhock-Spreiz-Stellung") wird ganz nebenbei auch einer Hüftdysplasie vorgebeugt oder diese sogar gänzlich geheilt. Die runde Rückenhaltung im Tragetuch ist ebenfalls eine Möglichkeit, Rückenschäden durch starres Liegen bei Ihrem Kind zu vermeiden.

Es gibt mittlerweile diverse Möglichkeiten, seine Kinder nah bei sich zu tragen, auch wenn man mit klassischen Tragetüchern nicht zurechtkommt.

<u>Wichtig:</u> Tragen Sie Ihr Baby immer zu sich gewandt, niemals nach außen gerichtet. Ihr Baby kann mit der Reizüberflutung nicht umgehen und hat so keine Möglichkeit, mit Ihnen in Kontakt zu treten oder sich an Ihrem Herzen auszuruhen.

Was ist, wenn die Umstände kein Bonding zulassen?

Es gibt ganz unterschiedliche Gründe, weshalb es nicht möglich ist, die Bindung auf die hier genannten Weisen geschehen zu lassen. Es kann vorkommen, dass man sich in der Schwangerschaft nicht auf sein Baby freuen kann, weil es nicht in den persönlichen Lebensplan passt oder eine Stresssituation die nächste jagt.

Manchmal hat man auch einfach kein Gespür dafür, sich mit seinem Baby zu verbinden. Das ist okay. Zwingen Sie sich nicht dazu. Warten Sie auf den Moment, in dem es sich für Sie richtig anfühlt. Und wenn es nach der Geburt ist, dann bleibt noch genug Zeit, ausgiebig zu kuscheln.

Genau in dem Moment, da es für Mutter und Baby am wichtigsten ist, passieren die meisten unerwarteten Vorkommnisse. Nach der Geburt kommt es leider zu häufig vor, dass medizinische Hilfe tatsächlich notwendig ist. Entweder, weil Ihr Kind zu früh auf die Welt kommt, oder durch einen Kaiserschnitt. Sollte Ihr Kind ein Frühchen sein und im Inkubator liegen, haben Sie dennoch immer die Möglichkeit, auch unter diesen Umständen mit Ihrem Baby in Kontakt zu treten. Allein Ihre Präsenz in Form von Ihrem ganz individuellen Bewegungsmuster und der Art und Weise, wie Sie mit den Geschehnissen umgehen, sind Ihrem Baby durch die Zeit in Ihrem Bauch geläufig und zeigen, dass Sie da sind. Unterschätzen Sie auch nicht die feine Nase Ihres Babys. Ihr Duft ist bekannt und sorgt im Gehirn Ihres Babys für Glücksgefühle.

Natürlich können Sie jetzt ganz viel mit Ihrer Stimme bewirken. Sprechen Sie mit Ihrem Baby über Ihre Gefühle. Solange es Ihnen körperlich gut geht, können Sie sich immer in seiner Nähe aufhalten. Je nach Schweregrad der Frühgeburt haben Sie noch viel mehr Spielraum. In den meisten Fällen dürfen Sie Ihr Baby auch im Arm wiegen und wickeln. In solchen Fällen ist ein Bonding-Shirt optimal. Das entlastet Sie und Ihr Baby ist ganz eng an Sie gedrückt bei Ihnen und hört Ihren Herzschlag.

Der routinierte Ablauf bei einem Kaiserschnitt ist meist sehr starr, obwohl sich besonders im letzten Jahrzehnt viele Kliniken etwas intensiver mit dem Thema Bonding befasst und sich dahin gehend umorientiert haben. Wenn Sie die Möglichkeit haben, Ihre Geburt im Wachzustand zu verfolgen, wird Ihr Baby Ihnen direkt nach der Abnabelung in einem Handtuch zum kurzen Kennenlernen auf die Brust gelegt. Hier haben Sie die Möglichkeit, vorher Ihre Wünsche zu besprechen und klar zu kommunizieren, dass Ihr Baby während des Vernähens auf Ihrem Oberkörper liegen bleibt, anstatt nach wenigen Sekunden oder Minuten zum Waschen/Wiegen/Untersuchen in die

Hände des Klinikpersonals zu kommen. Solange Ihr Baby einen gesunden Eindruck macht, hat das erste Kennenlernen und Kuscheln Vorrang. Außerdem ist es gerade bei einem Kaiserschnitt besonders wichtig, da durch die schnelle Abnabelung und die damit erzwungene Lungenfunktion des Babys eine Stresssituation für das Baby entsteht, die es erst einmal verarbeiten muss, und somit durch die Nähe der Mutter beruhigt wird und mögliche Ängste gelindert werden.

Bei einem Kaiserschnitt unter Vollnarkose haben Sie dazu nicht die Möglichkeit.

Aber auch in dieser Situation gibt es alternative Vorgänge, die dem Baby das Ankommen in dieser Welt erleichtern. Im besten Fall wird die Begleitperson das übernehmen. Manche Kliniken sind so schon so fortschrittlich, dass sie den Begleiter im Nebenzimmer bitten, das Hemd auszuziehen, damit ihm das frisch geborene Baby mit direktem Hautkontakt auf die Brust gelegt wird. Für das erste Bonding ist somit gesorgt. Manchmal hat die Mutter dann das Gefühl, etwas verpasst zu haben. Dafür hat ein Hebammenverein eine schöne Idee entwickelt und publik gemacht. Bei einem nachfolgendem „Bonding Bad" haben

Mutter und Kind die Möglichkeit, diese innige Form der Kontaktaufnahme nachzuholen. Das warme Wasser im Bad simuliert das Fruchtwasser, während der intensive Körperkontakt für ein echtes „Nach-Geburtserlebnis" sorgen kann.

Wenn alles gut verläuft, sollte dem weiteren Bonding auch bei einem Kaiserschnitt nichts im Weg stehen.

Natürlich kann auch eine sehr stressreiche, kräftezehrende Geburt kann dazu führen, dass das anstehende Bonding nicht ausgiebig genutzt werden kann, weil Sie sich nicht sofort darauf einlassen können. Dafür ist die Zeit des Wochenbetts ideal. Geben Sie sich die Zeit, die Sie brauchen, und verteilen Sie anstehende Aufgaben an Ihr familiäres Umfeld. Setzen Sie sich selbst an erste Stelle, denn Ihr Baby ist von Ihnen abhängig.

TIPP: Wenn Ihre Geburt nicht wie geplant verläuft, kommen häufig Selbstzweifel auf und das Gefühl, versagt zu haben. Lassen Sie diese Gefühle zu, aber in der Gewissheit, dass Sie Ihr Bestes gegeben haben. Und wenn der Tag gekommen ist, dann verzeihen Sie sich selbst. Verzeihen Sie sich, dass Sie nicht perfekt sind, denn genau genommen sind wir alle absolut perfekt in unserer Unperfekt-heit. Also streben Sie nicht nach mehr, sondern nehmen sich genauso an, wie Sie sind, mit all Ihren Ängsten und Befürchtungen. Damit sind Sie bereits auch ein Vorbild für Ihr Kind, das sich alle Bewusstseinszustände von Ihnen abspeichert und dadurch später fähig ist, für sich selbst einzu-stehen.

Versöhnen Sie sich mit Ihrer Geburt. Das ist wichtig für den Heilungsprozess.

Warum gab es das zu früheren Zeiten kaum?

Unsere Ahnen sind unter ganz anderen Bedingungen groß geworden. Andere Familienstrukturen, verschiedene Konzepte und Systeme, politische Einflüsse und kuriose Gesellschaftsformen, die man heutzutage infrage stellt. All dies hinterlässt Spuren. Selten haben wir uns dieser Werte frei gemacht und sind rein der Natur unseres Inneren gefolgt.

Stattdessen folgte ein Glaubenssatz auf den nächsten. So gab es zu Kriegszeiten auch ein sehr berühmt-berüchtigtes Buch von Johanna Harer „Die Mutter und ihr erstes Kind". Diese und ähnliche Literatur war sehr prägend und bewegt die Elternschaft bis heute. Die gängigsten Methoden dieser Praxis waren alles andere als menschenfreundlich. Babys wurden von Geburt an ignoriert, sie wurden von ihrer Mutter getrennt, bekamen nur nach zeitlich vorgegebenen Maßstab Nahrung und Liebe zu zeigen war verpönt.

Jeder kennt diese Bilder von reihenweise frisch geborenen Babys in Glaskästen, die von den Gesundheits- und Krankenpflegerinnen nur spärlich versorgt wurden. Während die Eltern und Verwandten durch eine Glasscheibe getrennt ab und zu ihr Baby anschauen durften. Die Wissenschaft war sogar mal einige Zeit lang der Meinung, Babys würden keinen Schmerz empfinden, und so wurden sie ohne Betäubung operiert und auch sonst sehr grob behandelt.

Marie F. Mongan beschreibt in ihrem Buch „Hypnobirthing" anschaulich, was das mit ihr und ihrer Tochter machte, denn sie erlebte genau diese Situation.

Einen frischen Gegentrend zu den damaligen Verhältnissen setzen AutorInnen wie Nicola Schmidt mit ihrem Buch „Artgerecht" und Jesper Juul mit mehreren Bänden zu diesem Thema. Sie alle argumentieren wissenschaftsorientiert und mit Herz die Unterschiede eines gebundenen Babys und seine Entwicklung ins Erwachsenenalter.

Trotz der vielen Studien auf dem Gebiet gibt es heute immer noch Menschen, die ihrem elterlichen Gefühl misstrauen und sich nach einem standardisierten Konzept ausrichten. Auch in einigen Krankenhäusern werden die Wichtigkeit von Bonding und das Aufbauen des Urvertrauens noch konsequent ignoriert und stattdessen die medizinische Ausrichtung vorgeschoben. Selbstverständlich steht diese bei echten Komplikationen an erster Stelle. Aber was passiert mit den vielen interventionsfreien Geburten? Auch da wird noch viel zu häufig der reguläre Krankenhausalltag abgespult, ohne Rücksicht auf die Bedürfnisse von Mutter und Kind.

Hier darf sich die Gynäkologie gern in der freien Geburtshilfe und in Geburtshäusern umschauen und sich inspirieren lassen.

Experimente über Bindungsfähigkeit

Bindung lässt sich wunderbar mithilfe von Beobachtungen in vielen unterschiedlichen Stadien und Lebenslagen ergründen. Dennoch gab es Menschen in geraumer Vorzeit, die der Meinung waren, die Forschung der Bindung über grausame und menschenfeindliche Experimente vorantreiben zu können.

Ursprünglich ging es Kaiser Friedrich II. im 13. Jahrhundert um die „Ursprache." Er war interessiert daran, ob Kinder die Quelle ihrer Ursprache finden können, wenn mit ihnen nicht ein einziges

Wort gesprochen wurde. Im Zuge dieses Experimentes isolierte er einige Säuglinge von ihren Eltern und ließ die Versorgung den Ammen zukommen. Diese hatten klare Anweisungen, wie sie mit den Babys umgehen durften. Sie durften nicht mit ihnen sprechen, ihnen keine Zuwendung zuteilwerden lassen und sich ausschließlich um körperliche Belange kümmern, wie etwa das Füttern und Wickeln. Nach dieser kurzen Sequenz an Aufmerksamkeit wurden die Kinder wieder sich selbst überlassen, damit sie heranwachsen könnten, um sich dann zu erinnern, ob sie eigentlich Griechisch, Hebräisch, Lateinisch oder Arabisch sprechen.

Kaiser Friedrich hatte nicht die Möglichkeit, herauszufinden, ob die Babys sich an ihre jeweilige Herkunftssprache erinnern, denn alle Kinder sind gestorben. Es war also ungewollt zu einem Bondingexperiment geworden.

Geschichtsforscher sind sich noch immer uneins, ob dieser Vorfall wirklich genauso geschehen ist, dennoch kann man nach heutigen Erkenntnissen sagen, dass der Tod der Babys genauso tatsächlich stattgefunden hätte, denn Säuglinge ohne

Anreize von außen verfallen in eine schwere Depression, die den Tod zur Folge haben kann.

Zu den verrücktesten Experimenten zählt auch der Versuch mit dem Affenbaby von dem US-Psychologen Harry Harlow Ende der 1950er-Jahre.

Er untersuchte speziell die Mutter-Kind-Bindung anhand zweier Attrappen für ein kleines Affenbaby. Eine Attrappe war ein selbst gebasteltes Drahtgestell, nicht besonders ansehnlich. In ihr wurde eine Milchflasche eingebaut, welche die Brust simulieren soll. Ihr Gegenstück war ein flauschiges Kuscheltier, in angepasster Größe zum Affenbaby.

Was denken Sie, welche Attrappe für das Affenbaby die meiste Sicherheit und Geborgenheit bedeutet hat? Wo lief der kleine Affe hin, wenn er sich in Gefahr wägte oder er sich allein fühlte? Er verschmähte das Drahtgestell mit der Milchflasche, obwohl ihn dies fortwährend mit Nahrung versorgte und somit eigentlich sein Favorit sein müsste. Bei beängstigenden Geräuschen und auch in allen anderen Lebensbelangen wandte er sich dem affenähnlichen Kuscheltier zu und betrachtete es als seine Mutter.

Auch Jean Liedloff beschreibt in ihrem Buch „Auf der Suche nach dem verlorenen Glück" anschaulich ein weiteres Affenbaby-Experiment, erfreulicherweise weniger grausam als die vorherigen, aber auch nicht so bekannt. Es geht weniger um die reine Bindung, sondern mehr um die Erwartung der Abfolge von Bedürfnissen, von denen ein jedes Individuum geprägt ist.

Ein junges Kapuzineräffchen war einige Zeit lang an ihrer Seite. Sie fütterte das Junge regelmäßig mit einer Banane, deren Schale schon sorgfältig von ihr entfernt worden war, denn sie kannte das Kontinuumskonzept noch nicht und wollte demzufolge, wie alle fürsorglichen Eltern, dem Kapuziner „Mühe ersparen". Das Affenkind zeigte ihr eindrucksvoll, wie lächerlich ihr Bestreben doch war. Nach einiger Zeit reichte es dem Affen nicht, einfach nur eine Banane zu essen, denn es hatte einen dahinterliegenden Trieb, der befriedigt werden wollte.

Also aß der Affe die Banane nur halb auf, denn so konnte es den ersten Hunger stillen, die andere Hälfte der Banane aber wurde sorgfältig in ein danebenliegendes Taschentuch gewickelt, während es sich umschaute, als merkte es nicht, was seine

Hände da taten. Anschließend umkreiste es den Ort, so als wäre es ein zufälliger Spaziergänger, der plötzlich das geheimnisvolle Päckchen entdeckte. Mit allen Anzeichen von steigender Erregung entfernte das junge Äffchen das Einwickelpapier, bis es den Schatz sah, der sich darunter verbarg! Siehe da ... eine halb aufgegessene Banane. Was ein Wunder! Ab da gab es keine weiteren Aufführungen dieser Art. Sie hatte gerade zu Mittag gegessen und brachte es nicht über sich, ihre Beute auch noch zu vernaschen. Deswegen wurde die Banane wieder eingewickelt und das Spiel begann von Neuem.

Der Autorin wurde klar, dass der Trieb und das Bedürfnis, Obst und Nussschalen zu suchen und zu öffnen, völlig getrennt vom Bestreben der Nahrungsmittelaufnahme existierte. Der Affe folgte zuerst dem stärksten Impuls – das Fressen der Nahrung. Nachdem dieser Impuls dann die Sättigung verringerte, kam der nächste zum Vorschein. Sie wollte jagen. Die Bedingungen für eine Jagd waren nicht günstig, denn die Banane war bereits geschält und nackt. Also wurde die Banane präpariert, um die Jagd durchführen zu können.

Der wahre Gegenstand des Jagdverhaltens war die Befriedigung des Bedürfnisses nach der Jagderfahrung selbst.

Genauso, wie es in jedem Säugling vorhanden ist, dass all seine Triebe bzw. Erwartungen angemessen erfüllt werden und ihm die Befriedigung zuteilwird, „richtig" zu sein.

Im Jahre 1950 wurde Dr. John Bowlby von der Londoner Tavistock Klinik von der Weltgesundheitsorganisation beauftragt, über das Schicksal von „im Geburtsland heimatlosen Kindern" im Hinblick auf den Zustand ihrer geistigen Gesundheit zu recherchieren.

Alle Kinder, die er in seinen Untersuchungen begutachtete, waren die schlimmsten Fälle von mütterlicher Entbehrung. Es waren Tausende. Einige von ihnen wurden in ihren ersten Lebensmonaten noch im Krankenhaus von ihren Eltern vernachlässigt, andere Kinder stammen aus Pflegeheimen oder waren evakuierte Opfer aus Kriegszuständen. Das Bild, das von den Beschreibungen und Statistiken entstand, war das Ergebnis qualvoller Entbehrungen von Kindern, die am schlimmsten vernachlässigt oder misshandelt wurden. Sie haben die Fähigkeit verloren,

Bindungen einzugehen, was gleichbedeutend damit ist, den Wert des Lebens nicht zu kennen.

Dr. Bowlby dokumentierte die Leiden von Kindern, die immer noch um das Recht auf Liebe kämpfen, das ihnen zusteht, indem sie lügen, stehlen, andere Menschen brutal angreifen oder sich mit gewaltiger Intensität an Menschen klammern, die einer liebenden Mutter ähneln. Er zeichnete auf, wie sich diese verzweifelten Menschen im Leben verhalten und dass sie ebenfalls Kinder hervorbringen, die sie aufgrund ihrer eigenen Geschichte nicht lieben können. Die Menschen, die der Gesellschaft ebenfalls feindlich gesinnt und unfähig sind, geben zu können, ewig dazu verdammt, nach Liebe zu hungern. Das sind unangreifbare Belege dafür, welche Wichtigkeit – und vor allem welche große Verantwortung – die frühkindlichen Bindungsgefüge mit sich bringen.

Leider sind diese „normalen" Entbehrungen mittlerweile so stark in unser soziales Netzwerk integriert, dass sie unbemerkt bleiben – es sei denn in Extremfällen. Aber da wird so ein Verhalten in der Regel auch nicht auf fehlende Bindungsfähigkeit zurückfallen. Unsere Gesellschaft ist lethargisch in ein Muster verfallen, worin Gefühle kaum noch wahrgenommen werden (dürfen!), anders ist diese Ignoranz gegenüber dem Offensichtlichen kaum noch zu erklären.

Bonding in seinen Ursprüngen

Seinem Kind die Liebe zu schenken, die es braucht, ist keine neumodische Erfindung, die jetzt erst wieder erlernt werden muss, nur, weil es medial gerade thematisiert wird. Es ist der Ursprung allen Seins.

Lange vor der Entstehung der Zivilisation, wie wir sie heute kennen, war das ein völlig selbstverständlicher Zustand, der überhaupt nicht infrage gestellt wurde. Rein logisch betrachtet war es absolut gefährlich, seinen Säugling über längere Zeit sich selbst zu überlassen. Hätten wir als Homo sapiens unser Baby einfach mal in eine andere Höhle abgelegt, wäre es erfroren, verhungert oder von wilden Tieren gefressen worden. Babys sind mit all ihren Fähigkeiten genauso ausgelegt, dass wir als Mutter darauf reagieren. Wie ein Schlüssel ins Schloss passt und das Schloss genau für den Schlüssel gemacht ist, so sind Babys bis in die letzte Faser ihrer Seele genau für unsere biologische Herangehensweise ausgelegt. Ihr Weinen und Rufen sind immer ein Signal an die Mütter, dass sie etwas brauchen. Egal, ob es körperliche oder emotionale Befriedigung ist, wir sind biologisch und geistig darauf programmiert, ihrem Flehen zu folgen und für sie da zu sein.

Unsere mütterlichen Instinkte sind viele Jahrmillionen immer genau dem richtigen Weg gefolgt. Menschen sind von jeher so aufgewachsen, dass sie sich nach ihren Gefühlen orientieren und ausrichten und diesen Folge leisten. Bedingungslos und ohne ihr Tun infrage zu stellen.

Mit Beginn der Industrialisierung änderte sich das. Wir verloren unsere Wurzeln zu unserem Ursprung. Wer sind wir? Was ist unsere Aufgabe in dieser Welt? Der tiefe Einschnitt bewirkte, dass wir uns verloren haben. Mit jeder weiteren

Generation, die heranwuchs, haben wir uns weiter von uns selbst entfernt. Familiäre Strukturen, die früher noch in Sippschaften zusammenlebten, trennten sich. Traditionen und Gebräuche verliefen sich. Sie wurden nicht mehr zelebriert und gelebt. Die Gesellschaft als tragendes Konstrukt der Menschheit änderte sich steig und schnell. Meinungen, die gestern noch galten, waren am nächsten Tag schon widerlegt. All das stürzte die Menschen in eine tiefe Orientierungslosigkeit. Sie verloren den Halt. Eine innere Leere stellte sich ein, denn die Frage nach der eigenen Existenz und Herkunft blieb unbeantwortet.

Warum ist das passiert? Warum haben wir uns selbst verraten? Wie genau das geschehen konnte, ist eine Frage, über die sich Wissenschaftler noch uneinig sind. Es wird vermutet, dass der Drang, mehr zu wollen, dabei eine tragende Rolle spielt.

Veränderungen haben die Menschheit schon immer begleitet und es ist auch das, was uns als Menschen ausmacht.

Das Bewusstsein, uns und unsere Umwelt jederzeit verändern zu können. Wir sind die einzige Spezies, die fähig ist, jederzeit ein anderes

Bewusstsein einzunehmen. So kam es dann dazu, dass wir mit dem Stand der Dinge nicht mehr zufrieden waren und uns nach mehr sehnten. Ob diese Sehnsucht nun ein Fortschritt oder eher ein Rückschritt ist, darüber darf philosophiert werden.

Was die Beziehung zu unseren Kindern ausmacht, war es lange Zeit ein Rückschritt. Denn wir überlagerten unseren gesunden, mütterlichen Instinkt mit allerlei politischen, gesellschaftlichen Konzepten und neuen Werten, die uns aber immer weiter von unserem biologischen Standpunkt entfernten.

Erst langsam und mit viel Anleitung kommen wir wieder aus dieser Starre heraus ins Fühlen. Gemächlich machen wir uns auf den Weg, wieder die elementaren Fragen des Lebens zu stellen und auch die Frage, warum wir tief in unserem Inneren oft unglücklich sind und das Gefühl haben, etwas auf unserem Weg ins Leben verloren zu haben. Wenn Sie sich auch diese Fragen stellen, sind Sie auf dem richtigen Weg.

Wie kann ein Wandel in der heutigen Zeit aussehen?

Wenn wir uns als Gesellschaft heute anschauen, ist viel technologischer und medizinischer Fortschritt eingetreten. Auch die hierarchischen Strukturen haben sich grundlegend geändert. Wir sind der Meinung, nach heutigen wissenschaftlichen Erkenntnissen „aufgeklärt" zu sein. Wir sind mehr denn je daran interessiert, immer „weiter" zu gehen,

Veränderungen zu begrüßen und nicht zurückzuschauen. Daran ist auch nichts verkehrt. Die menschliche Spezies hat dieses Bedürfnis nach immer komplexeren Herausforderungen. Dennoch darf die Frage im Raum stehen, was wir auf dieser Strecke verloren haben. Was haben wir für den Fortschritt geopfert?

Und welche Werte sind uns wirklich wichtig, aber in der heutigen Gesellschaft nur noch geringfügig vorhanden?

Und was hat das alles mit Bonding zu tun?

Trotz dieser ganzen Zivilisiertheit ist die Art und Weise, wie wir uns als Menschen begegnen, verkümmert.

Jeder kennt das Gefühl von Fremdheit zu anderen Menschen. Im Zuge der gesellschaftlichen Veränderungen fingen wir an, uns nicht mehr als gleich große Seelen zu betrachten, sondern begannen, in unterschiedliche Ebenen einzuteilen. Einige Menschen haben einen Status, den es zu ehren galt, andere Menschen dagegen wurden wegen schulischer und beruflicher Laufbahn bei Weitem weniger anerkannt. Wertschätzung wurde nicht mehr jedem Menschen zuteil, sondern wurde gründlich kategorisiert. Diese

Strukturen bestehen auch heute noch. Kaum einem Menschen ist es bewusst, denn wir streiten dieses Denkkonstrukt ab und dennoch halten wir es alle aufrecht und integrieren es in unseren Alltag.

Wir haben unsere Wurzeln und den Ursprung unserer Menschlichkeit ausgetauscht gegen ein System aus Status und Kategorisierung. Dabei haben wir alle dieselben Bedürfnisse. Wir möchten lieben und geliebt werden. Wir möchten gleichberechtigt ein Teil dieser Gesellschaft sein und nicht infrage gestellt werden, sich zugehörig fühlen. So wie wir uns als kleiner Säugling als Teil eines Ganzen gefühlt haben. Babys sind ein Ganzes mit ihren Gefühlen und Bedürfnissen. Sie haben nichts mitzubringen, keine Geschenke an die Mutter und auch kein „Danke" im Gepäck oder ein Verständnis für Ihre Belange. Dafür fehlt ihnen schlicht das Bewusstsein. Sie sind noch eins mit der Welt, rein und verbunden mit ihren Urinstinkten. Sie kommen mit einem Vertrauen in die Welt, das alles seine Richtigkeit hat. Sie als Lebewesen selbst eingeschlossen. Eine ungeheuer große Kraft, die durch eine fürsorgliche Mutter erhalten bleiben kann.

Babys sind nicht fähig, Erwartungen zu erfüllen, weil das nicht ihrem kindlichen Naturell entspricht. Wenn Mütter anfangen, ihre Babys mit genau diesen Erwartungen zu konfrontieren, die noch gar nicht ihrer Bewusstseinsstufe entsprechen, fängt das Kind an, sein Verhalten zu ändern und die Bindung zur Mutter auf eine andere Weise zu bewerten. Kinder sind in der größten Abhängigkeit ihres Lebens gefangen. Sie sind ihren Eltern hilflos ausgeliefert. Es gibt nichts, was Kinder energetisch mehr benötigen, als die Liebe ihrer Bezugspersonen.

Sie tun schlichtweg alles dafür, um diese Liebe zu bekommen. Kinder werden feinfühlig und spüren genau, was sie tun müssen, um ihrer Abhängigkeit gerecht zu werden. Sie fangen mit der Zeit an, sich zu verstellen. Ihr eigenes ICH zu verschleiern und sich genauso zu verhalten, wie es von ihnen erwartet wird, nur, um geliebt zu werden. Sie fangen an, sich selbst zu verleugnen, um sich an unsere gesellschaftlichen Verhältnisse anpassen zu können. Auf dem Weg dahin verlieren sie sich selbst. Kinder vergessen, wer sie sind und was sie ausmacht, weil sie damit beschäftigt sind, nach Liebe zu gieren, die ihnen verwehrt wurde, da sie „nicht richtig" waren.

Innerhalb ihrer Entwicklung zum erwachsenen Menschen durchlaufen sie viele Phasen, die alle davon geprägt sind, anders zu sein als der, der man ist. Die Erwartungen erdrücken einen förmlich und eine tiefe Unglückseligkeit stellt sich ein, vor der man oft nicht weiß, wo sie herrührt oder wie tief diese wirklich ist. Und auf diesem Weg wirkt nicht nur das Elternhaus auf die Kinder, sondern auch die schulischen Einrichtungen. Es ist eine bisher unreflektierte Vorgehensweise, dass Kinder mehr als irgendwo sonst beurteilt, bewertet, unterteilt und in vorgegebene Normen gepresst werden.

Es wird kaum wahrgenommen, welche innewohnenden Talente gesehen werden möchten, welche Interessen ein jedes Kind verfolgt und für welche Tätigkeiten es ein kleines, brennendes Feuer in seinem Herzen trägt.

Das Kind wird selten als Individuum wahrgenommen und als solches behandelt. Dafür fehlen schlicht die Kapazitäten und auch die Motivation, ein so großes Konstrukt wie die Schule zu hinterfragen oder sogar umzugestalten. Weg von der

Pauschalisierung, hin zu einem offenen, lebenspraktischen Lernfeld, in welchem jedes Kind seinen eigenen Weg finden darf, ganz gleich, wie dieser auch aussehen mag. An dieser Stelle darf sich jeder Leser an seine eigene Schulzeit erinnern. Was wurde von der Schule übergestülpt, obwohl kein echtes Interesse an gewissen Themen bestand? Welche Interessen hätten Sie gern ausgebaut und weiter daran geforscht, statt Ihre wertvolle Zeit mit einem Wissen zu füllen, das nicht Ihren Talenten entspricht und nur im Gehirn abgespeichert wurde, weil es von Ihnen verlangt wurde? Womöglich sogar nur aus dem einzigen Grund: Damit Sie von Ihren Eltern geliebt und anerkannt wurden?

Sollte der Eindruck entstanden sein, dass das weitläufige „Früher" ein besserer oder schlechterer Ort sein sollte, so war das keineswegs beabsichtigt. Das allein ist abhängig von einzelnen Themengebieten und genauso jedes Individuums, das einen Vergleich ziehen kann. Hier soll keine Wertung eingebaut werden, sondern nur eine geistige Öffnung in jede mögliche Richtung angeregt werden.

Wie kann eine gesunde Bindung nun innerhalb dieser gesellschaftlichen Werte aussehen? Jeder ist dazu aufgerufen, sich genau dafür zu erwärmen, um Änderungen ins Rollen zu bringen, die für die nächste Generation genauso prägend sind, wie es für Generation unserer Eltern und uns war. Was möchten wir gern mitnehmen und an unsere Kinder weitergeben, weil es für uns als Familie stimmig ist? Welche Werte lehnen wir ab, weil wir es selbst unverantwortlich finden, wenn unsere Kinder das gleiche Schicksal treffen würde?

Was verbindet uns mit unseren Kindern und wo wollen wir als Familie und als Gesellschaft hin? Wie möchten wir leben? Was vereint uns?

Es gibt kein Richtig oder Falsch, es zählen nur die einzelnen Erfahrungen. Wir haben alle unterschiedliche Kindheiten gehabt, die uns geprägt haben und nach deren Ausrichtung wir heute leben.

Authentische Selbstreflexion kann helfen, sich ein Bild zu machen, über unsere ganz persönlichen Umstände, wonach wir uns sehen und was wir uns für die Zukunft wünschen.

Kompensierung fehlender Bindung

Besonders auffällig ist in diesem Kontext auch die Generation aus den 50er/60er- und 70er-Jahren, von denen statistisch gesehen im Vergleich die meisten Menschen von einer psychischen Krankheit wie zum Beispiel „Burn-out" betroffen sind (www.statista/daten/studie 239675umfrage-arbeitsunfähigkeit.de). Schauen wir uns die familiären Gegebenheiten und die gesellschaftlichen Strukturen an, wird auch schnell klar, dass es da Zusammenhänge geben muss. Ein fehlendes Urvertrauen führt zu einer Haltlosigkeit und Orientierungslosigkeit, die ein Leben anhält. Menschen, die keine oder zu wenig Bindung in ihrem Leben erfahren haben, neigen dazu, gesetzliche Strukturen menschlichen Eigenschaften vorzuziehen. Sie kompensieren ihr fehlendes Bindungspotenzial mit Status und Ansehen. Oft wollen diese Menschen etwas erreichen, um endlich die tiefe Befriedigung zu haben, jetzt endlich angenommen zu sein. Die fehlende Beziehung zur Mutter (oder zum Vater) soll dann die Gesellschaft übernehmen.

Natürlich ist nicht jeder Mensch in einer Führungsposition automatisch davon betroffen, dennoch ist es biologisch und physikalisch eine Tatsache, dass fehlende Bindung ersetzt werden muss. Das kann auf vielerlei Weise geschehen. Spielsucht, Sammelleidenschaft oder Beziehungsunfähigkeit sind ebenso typisch für ein fehlendes Fundament an Urvertrauen. Manche Menschen müssen sich dauerhaft in einem ungesunden körperlichen Zustand befinden, damit das Leben für sie irgendwie erträglich ist. (Die ständig in Unfälle verwickelt sind). Andere müssen lebenslang niedergeschlagen sein, weil ihnen das Bedürfnis nach mütterliche Fürsorge verwehrt blieb.

Andere dagegen müssen einen Zustand der Zerbrechlichkeit einnehmen, um ihre Familien dadurch zu veranlassen, die benötigte Beziehung aufrechtzuerhalten.

Es gibt Männer, die sich Narben zufügen, damit die Frauen der Umgebung liebevoller werden und sie das Gefühl, liebenswert zu sein, endlich erhalten können, was ihnen in früheren Zeiten verwehrt wurde. Selbst Neurosen oder sonstige Geisteskrankheiten können daher rühren, dass diese Menschen sich vor der Wirklichkeit und ihrem unerträglichen Schmerz verstecken möchten und ihn nicht mehr fühlen wollen.

Die Natur in uns strebt immer ein Gleichgewicht an. Wo ein Mangel entsteht, wird versucht, diesen auszugleichen oder anderweitig zu füllen. Unter der Voraussetzung, dass der Mensch nicht eingreift, ist dies in der Natur überall sichtbar. Die Art, wie das Wetter im Entstehen ist, wie es auf Aktion und Reaktion reagiert, könnte es fast nach einer Absprache aussehen. Wenn es in einem Jahr zu viele Insekten gibt, steigt automatisch die Population der Vögel, um einen Ausgleich zu schaffen.

Die wenigsten Menschen unter uns – besonders in der westlichen Welt – sind mit dem Urvertrauen und der Bindung gesegnet, die sie als Baby gebraucht hätten. Das ist unserer Gesellschaft anzusehen. Wir sind nicht nur offensichtlich körperlich krank, sondern auch geistig. Gesundheit ist zum Ausnahmezustand geworden. Wo hat uns der Fortschritt wirklich hingeführt? Welchen Mehrwert haben wir durch ihn tatsächlich erhalten? Und die Wichtigste aller Fragen ist: Was können wir tun, um uns selbst – trotz mangelnder Bindungsfähigkeit – wieder in einen anhaltenden glücklichen Zustand zu versetzen und alle Strapazen der vergangenen Jahrzehnte in einem anderen Licht zu betrachten?

Das nächste Kapitel sollte der Antwort ein Stück näherkommen.

Der Vergleich mit Naturvölkern aus dem Dschungel des Amazonas

Die Tauripan-Indianer scheinen wie aus einer anderen Welt. Es ist für uns, als vermeintlich zivilisierte Menschen kaum noch möglich, weder gedanklich noch im aktiven Sinne, den Entstehungen der Lebensweisen und ihrer Vielfältigkeit zu folgen, geschweige denn, sie nachzuahmen. Wir haben uns über einen so langen Zeitraum entfremdet, dass es uns nur schwerlich möglich ist, das allumfassend zu verstehen. Dennoch möchte ich hier einen kleinen Einblick gewähren, um einen Kontrast zu unserer jetzigen Welt zu schaffen.

Um ein Verständnis von der Dimension der Entfremdung aufzuzeigen, der wir die letzten Jahrzehnte und Jahrhunderte ausgesetzt waren.

Fairerweise muss erwähnt werden, dass wir durch die vielen Annehmlichkeiten und Erleichterungen, die unsere technokratische Welt uns bietet, natürlich auch Vorteile haben und wir diese verständlicherweise nicht missen möchten. Hier soll auch weniger auf die materiellen Güter eingegangen werden, sondern ein Blick auf die Menschlichkeit und die Beziehungsfähigkeit untereinander und auf das, was wir zu geben haben, selbst, wenn wir nichts besitzen.

Die Welt der Babys in Indianerkulturen unterscheidet sich von denen der Kleinkinder in der westlichen Welt wie Tag und Nacht.

Indianerkinder werden von Geburt an überallhin mitgenommen. Noch bevor die Nabelschnur abgefallen ist, befindet sich der Säugling bereits in einer Welt voller Anregungen und Eindrücke. Meist schläft es, doch bereits im Schlaf gewöhnt es sich an die Stimmen seiner Familie, die Geräusche, die unerwarteten Bewegungen, das ständige Gehoben-und-gedrückt-Werden. Alles, während der Mensch, in dessen Obhut es sich befindet, einfach in völliger Ruhe seinen normalen Tätigkeiten nachgeht.

Es gewöhnt sich an die Temperaturunterschiede an seinem Körper, die durch den andauernden Hautkontakt entstehen, und an das sichere, „richtige" Gefühl, gegen einen lebendigen Körper gehalten zu werden. Das tiefe Gefühl, dass er genau dorthin gehört, wird ihm erst dann bewusst, wenn es von seinem Platz entfernt wird. Das Baby fühlt sich „richtig", deswegen hat es nur selten das Bedürfnis, etwas durch Weinen zu signalisieren oder irgendetwas anderes zu tun, außer an der Brust zu saugen, die durch das Tragen immer in seiner Reichweite ist. Ansonsten ist er damit beschäftigt, herauszufinden, was oder wie das Leben ist.

Des Säuglings einzige Aufgabe ist es, da zu sein und sich zu erfahren. Es nimmt alles auf, denn es gibt keine Zeit für ihn, kein Gestern und kein

Morgen, sondern nur das Hier und Jetzt. Dadurch ist es ihm gewährt, in jedem einzelnen Moment präsent zu sein. Es nimmt wahr, wie er hochgehoben wird, wie sich gebückt wird, wie der Regen auf sein Haupt prasselt und wie die Sonne ihn erwärmt, wie Menschen um ihn herum singen, wie sich die Arme bewegen, während einer Kanu-Fahrt und wie er immer wieder an einen warmen Körper gedrückt wird, denn er ist nie allein. Während eines Festes wird er heftig hin und her geschüttelt, da seine Mutter im Takt der Musik tanzt. Im Schlaf stoßen ihm ähnliche Abenteuer zu. Nachts schläft er neben seiner Mutter, ihre Haut immer dicht und spürbar an seiner, während sie atmet und sich bewegt und manchmal auch schnarcht.

Wenn es in der Nacht hungrig erwacht und die Brust nicht sofort finden kann, wird ihm geholfen, bis sein Wohlbefinden wiederhergestellt ist.

Alltagsverrichtungen sind wichtig für das Baby, damit es den Rhythmus eines Lebens in Aktion kennenlernt. Wird ein Baby überwiegend von jemandem getragen, der nur still da sitzt, so hilft ihm dies nicht, zu lernen, wie sich das Leben aktiv und alltäglich verhält. Das Leben würde für ihn eintönig und langweilig erscheinen. Erst in dem stetigen Auf und Ab des Alltags kann sich der Säugling als stark und anpassungsfähig wahrnehmen.

Wenn es doch einen Grund hat, plötzlich weinen zu müssen, wird seine Mutter ihm sanft ins Ohr flüstern, während andere Erwachsene ins Gespräch vertieft sind. So kann sie ihn gut ablenken, ohne die anderen zu stören oder ihr Kind zu ignorieren.

Sollte das nicht helfen, trägt sie ihn weg, bis er sich beruhigt hat. Sie würde nicht einen Kampf zwischen ihrem Willen und dem des Kindes austragen, geschweige denn, ein Urteil über sein Benehmen fällen. Wenn die Indianer-Mutter ihr Kind pflegt und es versorgt, so tut sie dies in der halb abwesenden Art, mit der sie auch sich selbst pflegt. Der Säugling fühlt sich immer zugehörig und als Teil des Ganzen.

Die wild lebenden Mütter nehmen ihr Leben als Mama mit einer Leichtigkeit, die keine westliche Mutter jemals an den Tag gelegt hat. Ein angeborenes Selbstverständnis für die

Anforderungen des Lebens zeichnen ihre gelassene und anmutige Art aus.

Setzt dann die Reinlichkeitserziehung ein, werden Kleinkinder für gewöhnlich nach draußen gejagt, bevor es den Boden der Hütte beschmutzt. Bis dahin ist es schon vollständig in der Annahme, sich als „richtig" zu fühlen, dass ihm diese Aktion nichts ausmacht. Ja, mehr noch, dem Kind ist bewusst, dass es nicht als Individuum abgelehnt wird, sondern ausschließlich seine Tat, und es ist bereit zu kooperieren.

Sein Leben stimmt überein mit dem Leben von Millionen seiner Urahnen und erfüllt alle Erwartungen seines Wesens.

Seine Mutter tut all diese Tätigkeiten mit einer innewohnenden Leichtigkeit, die sie gern im Außen zeigt. Ihre Freude an ihrem Dasein wurden ihr ebenfalls mitgegeben.

Sollte das Kleine dennoch ein Bedürfnis hegen, wird dies durch die stetige Anwesenheit seiner Mutter oder eines nahestehenden Familienmitgliedes erkannt und „behoben." All diese neuen Eindrücke werden von den Menschen um es herum niemals kommentiert. Die Indianerstämme sind sich da alle sehr ähnlich. Kinder sind da, sie sind ein Teil des Stammes, bedürfen aber keiner besonderen Aufmerksamkeit.

Sie dürfen einfach sein, sich ausleben und sich in dieser Welt erfahren, ohne dass dies von den Erwachsenen mit besonderer Aufmerksamkeit bedacht wird. Ein Urteil oder eine Wertung seines Verhaltens steht keinem Mitglied des Stammes zu und es fühlt sich auch keiner dazu berufen, ein anderes Wesen zu maßregeln oder es durch Lob hervorzuheben.

Das kleine Kind ist völlig frei und durch das Loslassen von Erwartungen an ihn, während wir westlich zivilisierten Menschen aus unserer eigenen Unsicherheit heraus ständig alles in Worte fassen müssen oder der Meinung sind, uns über das Verhalten eines anderen Individuums zu erheben.

Auch Geburten laufen bei den Tauripan- und Yequana-Indianern anders ab.

Während man in der westlich zivilisierten Welt die Verantwortung für die Geburt an Außenstehende (Hebammen, Ärzte, Krankenhauspersonal) abgibt, fühlen Naturvölker noch die Eigenständigkeit und das Vertrauen in diesen Prozess.

Viele Kulturen überlassen der Mutter die Entscheidung, ob sie allein gebären möchte oder ihr eine vorher festgelegte Form der Unterstützung zuteilwird. In beiden Fällen bleibt das Baby aber direkt nach seiner Erscheinung in dieser Welt mit seiner Mutter in einem engen körperlichen Kontakt. Wenn es angefangen hat, seine Sauerstoffzufuhr nicht mehr über die Nabelschnur zu beziehen, sondern von allein atmet, und wenn es von seiner Mutter begrüßt und liebkost wurde, wird das kleine Wesen an die Brust gelegt – ohne irgendwelche Unterbrechungen durch Wiegen, Messen und Waschen. Genau zu diesem Zeitpunkt, wenn Mutter und Kind sich zum ersten Mal als getrennte Einzelwesen betrachten, findet die Prägung statt. Dieser Impuls ist so stark in der Mutter verankert, dass er vor allen anderen Belangen Wichtigkeit hat. Egal, wie durstig oder hungrig die Mutter ist – Ihr Wunsch, das kleine, fremde Wesen zu nähren und es zu kuscheln, hat Vorrang. Wäre es anders, hätten wir all diese Hunderttausende von Generationen nicht überlebt.

Wird das Baby also in einer modernen Klinik von seiner Mutter entfernt, ohne dass sie es liebkosen und in ihr Herz schließen kann, so stellt sich bei der Mutter häufig eine Art tiefe Trauer ein. Sie fühlt sich schuldig, weil sie nicht imstande ist, Muttergefühle aufzubringen oder das Baby „besonders lieb zu haben". Oftmals leidet sie dann unter der üblichen Zivilisationskrankheit, die umgangssprachlich als normale Postpartum-Depression bezeichnet wird.

Die Natur wollte die Mutter genau in dem Augenblick auf eines ihrer erfolgreichsten und tiefsten Gefühlserlebnisse vorbereiten, die ihr je im Leben zuteilwerden. Das Neugeborene dagegen sehnt sich nach einer uralten Berührung auf seiner Haut durch einen warmen und weichen Körper. Stattdessen wird es in ein lebloses Tuch gewickelt. Es wird in einen Behälter gelegt und ist dort einer qualvollen Leere ausgeliefert, in welchem keine Bewegung zu registrieren ist. Es hört keine Geräusche, die ihm etwas bedeuten. Und keiner ist da.

Da es seiner Natur entspricht, in die Richtigkeit des Lebens zu vertrauen, tut es das Einzige, was es kann. Es schreit. Von Kopf bis Fuß fühlt es eine unerträgliche Ungeduld in sich. Plötzlich wird es hochgehoben. Die Erwartung, dass etwas Besonderes auf es wartet, meldet sich wieder.

Seine nasse Windel wird entfernt und es wird von lebendigen Händen berührt. Erleichterung. Es wird mit den Händen an seinem Becken hochgehoben und ein neues trockenes Stück Stoff wird um ihn herumgewickelt. Danach ist es, als hätte es diese Hände und das Hochheben nicht gegeben.

Keine Spur von Hoffnung und ausgefüllt mit einem ungestillten Verlangen nach dem Gefühl von Leben. Nach nur einigen Stunden, die es bereits am Leben ist, hat es den ersten Grad von der Entfremdung seines natürlichen Zustands erreicht. Es hat einzig das Verlangen, sich am richtigen Platz zu fühlen. Der Platz an seiner Mutter, die ihm Sicherheit schenkt und ihm mit Leichtigkeit und Sanftmut die Großartigkeit des Lebens vorlebt.

Wenn der Säugling im Kinderwagen schreit, dann hat es gelernt, dass es mit Lebenszeichen von seinen Eltern belohnt wird. Dann wird nämlich der Kinderwagen von seiner Mutter leicht hin und her gerüttelt, denn sie hat gemerkt, dass das beruhigend auf ihn wirkt. Der schmerzende Mangel an Bewegung, an Erfahrung und all dem, was seine Vorfahren in ihren ersten Lebensmonaten hatten, wird durch das Rütteln nur leicht vermindert.

Dazu kommt gelegentlich das Brummen eines Autos oder Hundegebell. Das ist im Kinderwagen noch zu verkraften. Manches aber lässt das Baby aufschrecken, denn es befindet sich ja außerhalb der Sicherheitszone – den Armen seiner Mutter. Üblicherweise gibt es für den Wagen oder das Bettchen ein Kuscheltier als „Gefährten." Sie sollen dem Kind das Gefühl vermitteln, es befände sich in Gesellschaft. Die dann aufkommende heftige Zuneigung wird dann oft „süß" gefunden und als kindliche Eigenwilligkeit interpretiert, statt als die Offenbarung eines akuten Mangels. Es klammert sich also an diesen leblosen Gegenstand, welcher ihn weder beruhigt noch sättigt, beschützt oder ihm Anregungen vermittelt.

Es ist nur ein armseliger und plumper Ersatz, der kaum Abhilfe schafft, um das Verlangen des Säuglings zu mildern.

Während es dabei ist, jedes kleine bisschen an Erfahrung aufzusaugen, das sich ihm bietet, und um seine Qual ein bisschen zu lindern, entwickelt der Säugling ein Verhalten zur Kompensierung seiner unbefriedigten Bedürfnisse. Er stößt so heftig um sich, damit er das kribbelnde Verlangen auf seiner Haut lindern kann, er wedelt mit den

Armen oder rollt den Kopf von einer Seite zur anderen Seite, um sich die Sinne zu vernebeln. Es versteift seinen Körper und biegt den Rücken voller Spannung, damit er sich nicht mehr fühlen muss. Er entdeckt ein wenig Trost in den eigenen Daumen. Dieser erleichtert das unaufhörliche Verlangen in seinem Mund etwas. Selten saugt er wirklich daran, denn er wird gut genährt. Normalerweise hält er den Daumen nur in den Mund, um gegen die unerträgliche Leere dort anzukämpfen, die ewige Einsamkeit und die Ahnung, dass der Mittelpunkt von allem woanders sein.

Die Verantwortung der Mutter

Der herzliche Kontakt zum eigenen Kind kann schon in der Schwangerschaft einen Unterschied machen. Die ersten Momente im Leben unseres Babys entstehen in aller Regel mit uns als Mutter. Unsere Ausrichtung, unser Gefühl ist daher ausschlaggebend für unser Kind. Wir sind mit dem Kind auf energetische Weise noch bis zu 2 Jahre verbunden. Was wir fühlen, fühlt auch unser Kind. Sind wir gestresst oder freudig erregt, überträgt sich das. Manchmal etwas zeitverzögert, aber es ist dieselbe Strömung an Energie in unseren Babys vorhanden, wie auch in uns fließt.

Wenn Sie also beschließen, sich ganz auf Ihr Baby einzulassen und es mit seiner ganzen Präsenz wahrzunehmen, legen Sie damit einen Grundstein für die gesamte weitere Entwicklung. Sie können auf die Bedürfnisse Ihres Babys eingehen und sich gleichermaßen um sich selbst kümmern. Das erfordert einiges an Übung und eine Offenheit, die in unserer Kultur nur bedingt vorhanden ist. Für die westlichen Mütter geht entweder nur das eine oder das andere. Wenn Sie aber eine innere Offenheit besitzen, die dazu führt, dass Sie sich immer neu ausrichten können, wird Ihnen das gelingen.

Sie brauchen sich nicht zu zerreißen, zwischen den Bedürfnissen von Ihnen als Mensch und Ihrem Säugling als hilfloses Wesen, das von Ihnen abhängig ist. Wenn Sie sich Ihren Problemen, Ängsten und Sorgen stellen und sich dazu entscheiden, eine Lösung finden zu wollen, dann wird dies auch geschehen, weil das Leben Ihnen grundsätzlich zugewandt ist.

Wie stellt man sich seinen Ängsten und Sorgen? Erst einmal, indem man sie zulässt.

Verdrängung oder „Schönreden" hilft weder Ihnen noch Ihrem Baby. Lassen Sie alle Gefühle zu, die Ihnen Unbehagen bereiten, und versuchen Sie einzuordnen, wo diese herrühren können. Der Weg ist das Ziel und auf diesem Weg befinden Sie sich bereits, indem Sie sich von den Erwartungen anderer Menschen befreien und einen tiefen Einblick in Ihr Inneres zulassen. Nachdem Sie jedes Gefühl, das in Ihrem Herzen ankommt, ausgiebig zugelassen haben, ihm Raum gegeben haben, sind Sie fähig, weiterzugehen.

Stellen Sie sich selbst die Frage, wo das beängstigende Gefühl seinen Ursprung hat. Wissenschaftler behaupten, alle Gefühle, alles Sein, jedes Verhalten legt sich in den ersten 5 Lebensjahren fest und darauf lässt sich alles zurückführen. (Udo Koltischer – Aussöhnung mit der eigenen Kindheit) Wenn wir also diese Formel als Grundlage aufnehmen, finden Sie sicher eine Menge Beispiele und vielleicht können Ihre Eltern auch einige Fragen beantworten, wenn sie zu authentischer Selbstreflexion in der Lage sind. In welchen Momenten haben Sie dieses Gefühl?

Zu welchen Lebenslagen schleicht es sich in Ihr Herz und stiftet da Unruhe? Was verbinden Sie mit diesem Gefühl noch?

Schauen Sie auch mal genauer in die Abläufe Ihrer Kindheit und wie es um die Verbindung mit Ihren Eltern, Geschwistern und Verwandten aussieht. Das kann besonders helfen, wenn es darum geht, alte Wunden zu heilen. Oft können gerade die Mütter – ohne es zu wollen – einen Schmerz triggern, sodass dieser sich bei Ihnen bewusst zeigt.

Lehnen Sie diesen Prozess nicht ab – auch wenn es schmerzhaft ist. Es ist da, weil es angesehen werden möchte und weil es geheilt werden möchte. Nur so lässt es sich dauerhaft auflösen.

Das größte Geschenk, was wir unseren Kindern machen können, ist unsere eigene Heilung

Welche langfristigen Auswirkungen hat das Bonding?

Wenn Sie den Spagat zwischen Selbstfürsorge und Mutterschaft gemeistert oder das Gefühl haben, in beidem angekommen zu sein, dann wird Ihr Säugling zu einem mental starken Kind heranwachsen. Es wird wissen, wer es in dieser Welt ist und dass es willkommen ist. Ihr Kind wird sich durch nichts so schnell aus der Ruhe bringen lassen, denn Sie haben ihm die nötige Unterstützung zukommen lassen, indem Sie sich fortwährend mit ihm in Kontakt befunden haben, ohne aufdringlich zu sein. Ihr Kind wird Unsicherheiten aussprechen können und seine Gefühle standhaft mitteilen können. Wenn Sie sich mit Ihrem Kind im Konflikt befinden, wird es leichter sein, einem gebundenen Kind zu erklären, dass es Ihnen damit nicht gut geht, denn es hat ein großes Maß an Einfühlungsvermögen.

Sie haben dafür gesorgt, dass es starke Wurzeln hat. Durch Ihr Wirken, Ihr Verständnis und Ihr Vertrauen haben Sie Ihrem Kind das Vertrauen in die Welt geschenkt. Ihr Kind wird zu einem empathischen Erwachsenen reifen können. Ein erwachsener Mensch, der fähig ist, mit seinen Gefühlen in Kontakt zu treten und seine Mitte gefunden hat. Ein Mensch, der zu sich, seinen Freuden und Fehlern stehen kann und durch seine innere Ausrichtung seinen Zielen folgen kann, mit Beharrlichkeit und Sanftmut zugleich. Ihr Kind wird ein großes Gespür entwickeln können, einen Feinsinn, den nur wenige Menschen besitzen. Dieser Feinsinn wird ihm sein Leben lang behilflich sein können, wenn es darum geht, andere Menschen oder Situationen gekonnt einzuschätzen und das Bestmögliche daraus für sich abzuleiten.

Glück als Geburtsrecht

Wir Individuen in dieser Welt haben bereits die Erwartung, von fremden Menschen unfreundlich behandelt zu werden. Wir lernen auch, zu erwarten, von unseren Eltern und Kindern unfreundlich behandelt zu werden. Wir akzeptieren ein Leben voller Zweifel und unsicherer Zustände, weil wir kaum Hoffnung auf eine Besserung haben. Gemäß dem „Herdentrieb" oder „Gruppenzwang" folgen wir diesen Prinzipien, auch wenn sie uns als Kind noch seltsam erscheinen mögen.

Wir glauben, bewiesen zu haben, dass das Leben schwer ist, und meinen, wir hätten Glück, ein wenig Zufriedenheit besitzen zu können. Weder betrachten wir Glücklichsein nicht als ein Geburtsrecht, noch erwarten wir, dass es mehr sei als Ruhe und Zufriedenheit.

Wirkliche, authentische Freude besitzen wir selten. Entweder es ist aufgesetzt oder es wirkt nur kurz, bevor der Trott des Lebens wieder seinen Tribut fordert. Hätten wir die Gelegenheit, die Art Leben zu führen, auf die wir seit Millionen Jahren vorbereitet sind, so müssten wir unser gesamtes Weltbild ändern. Zunächst einmal würden wir uns nicht einbilden, Kinder müssten glücklicher sein als Erwachsene oder der junge Erwachsene glücklicher als der Alte. Wir sind dieser Ansicht hauptsächlich deshalb, weil wir beständig irgendeinem Ziel nachjagen, von dem wir hoffen, dass es unser Gefühl nach Richtigkeit wiederherstellt.

Wir trainieren uns im Akzeptieren der Realität, um den Schmerz wiederholter Enttäuschungen, so gut es geht, zu lindern. An einem Punkt, irgendwann in der Mitte des Lebens, reden wir uns ein, wir hätten einfach die Gelegenheit versäumt, Wohlgefühl zu genießen, und müssen deswegen jetzt ständig Kompromisse eingehen. Die eigene Lebensgeschichte kann aber auch ganz anders laufen. Die Wünsche der Säuglingszeit verändern sich stetig und haben immer eine ähnliche Abfolge. Ein Bedürfnis macht dem nächsten Platz. Das Verlangen zu spielen wandelt sich irgendwann in ein Verlangen, einer Arbeit nachzugehen. Ist das Verlangen erfüllt, einen Partner zu finden, so folgt das nächste Verlangen; für die Familie da zu sein und diese aufrechtzuerhalten. Das Bedürfnis, mit Gleichgesinnten Umgang zu pflegen, besteht aber ein Leben lang durchgehend.

Jede Lebensphase hat besondere Reize und Freuden.

Wenn Sie dieses Buch beendet haben, werden Sie ein Gefühl dafür bekommen, was Ihnen womöglich gefehlt hat und was Sie Ihr Leben lang gesucht haben. Sie dürfen dem Leben dankbar dafür sein, dass Sie jetzt mit diesem Wissen gesegnet hat und nach dem Schmerz wird Sie womöglich eine ungeheuer große Freude über jeden Umstand überkommen.

Auch wenn Ihnen vielleicht nicht gegeben wurde, wonach Sie als Säugling verlangt haben, so können Sie jetzt mit einem anderen Bewusstsein darüber fühlen und sich entscheiden, glücklich zu sein. Einfach so.

Machtvoller als jedes Wort ist die Berührung

Am Anfang war Berührung. In fast jeder alten Schrift kann man davon lesen. In alten Kunstwerken verstecken sich diese Weisheiten und Botschaften.

Eines der Bekanntesten ist wohl die Freskenmalerei von Michael Angelo in der Sixtinischen Kapelle in Rom: Die Berührung, um Mensch zu werden.

Wir müssen einander berühren, um miteinander verschmelzen und ein neues Leben zeugen zu können. Wie diese Art von Berührung aussieht, entscheidet bereits über die ersten genetischen Modifikationen im Erbgut des neuen Lebens. (s. Epigenetik) Werdende Eltern betasten den Bauch, indem das neue Leben wächst, um es zu berühren und mit ihm in Kontakt zu treten. Eine Frau, die geboren hat und ungestört ist, berührt als Erstes ihr Kind mit den Fingerspitzen. Sie umfährt den ganzen Körper ihres kleinen Babys, um sich gewahr zu werden, welches Wunder sie gerade vollbracht hat. Und sie kann gar nicht aufhören damit, weil es so wunderschön ist, ihr kuschelweiches Baby zu berühren und es sanft in Empfang zu nehmen, um Kontakt im Hier und Jetzt aufzunehmen und alle physiologischen Prozesse im Kind anzustupsen. Eine Berührung geht dem Wort voraus. Eine Berührung dieser Art heißt: Willkommen!

Erst nach dieser Begrüßung macht sich das Kind, nun auf Mamas Unterbauch liegend, auf die Reise zur Nahrungsquelle. Allein und voller Vertrauen.

Diese Berührung nennt sich auch „nährende Berührung". Sie ist von der Natur in allen

Bereichen in den ersten Lebensjahren angedacht: beim Stillen, beim Tragen, beim Schlafen. All diese Funktionen gehen nur in Kombination mit der Berührung. Durch sie wird Sorge getragen, dass das Kind in dieser Zeit alle Akkus auflädt, um sich als heranwachsender, junger Mensch allein bewähren zu können. Um aus dem vertrauten Vollen zu schöpfen und später selbst Nahrung sein zu können. Als Mann. Als Frau. Haben wir die Nahrung der Berührung nie bekommen, werden wir später immer unsicher sein. Gefangen zwischen Wollen und Nicht-zulassen-Können. Auf der ewigen Suche nach dieser einen wichtigen Nahrung, die uns dann nicht mehr bewusst ist.

Schlusswort

Alles, was Sie als (werdende) Mutter brauchen, um sich angemessen um Ihr Baby kümmern zu können, ist ein Gefühl. Ein tiefes Gefühl, was für Sie und Ihr Baby das Beste ist.

Handeln Sie nicht durch vorgegebene Doktrinen aus dem Außen. Lassen Sie diese Form der Manipulation nicht an sich heran.

Ihre Intuition war schon immer da, sie ist immer da und sie wird auch immer da sein.

Sie wird Sie leiten auf all Ihren Wegen, über jedes Hindernis, mag es auch noch so unüberwindbar erscheinen.

Wenn Sie aus sich heraus handeln, KÖNNEN Sie keine Fehler machen. Nur Erfahrungen, die Sie reifen lassen.

Alles, was Sie brauchen, ist bereits IN Ihnen

Herstellung und Verlag:

BoD – Books on Demand, Norderstedt

ISBN: 9783756857333

© Carolin Lohmeyer 2022

1. Auflage

Kontakt: Psiana eCom UG/ Berumer Str. 44/ 26844 Jemgum

Covergestaltung: Fenna Larsson

Coverfoto: depositphotos.com